Xhemil Bytyçi

ZUKAMË
THE DRONE
haiku

jonalda
SHTEPI BOTUESE

Titulli: Zukamë
Title: The drone
Redaktore: Radije HOXHA
Translated in English by Kujtim AGALLIU
Arti grafik: Zylyftar Plaku
Cover design: Zylyftar Plaku
Ballina: Arben Bejko
Cover ilustration by: Arben Bejko
Botuesi: Shtëpia Botuese "A&M Jonalda"
Publisher: Book House "A&M Jonalda"

ISBN: 978-9928-250-31-5

Ky libër botohet nën kujdesin e Haik Klubit Shqiptar – Elbasan

Shtëpia Botuese A&M Jonalda
www.jonalda.com
E-malil: botimejonalda@gmail.com
Tel: 068 20 01 337

Parathënie

Kushdo që e njeh haikun, pionerët e tij që na e lanë trashëgim atë si Matsuo Basho, Akiko Yosana, Buson, Kobayashi Issa e shumë të tjerë, apo e lëvron atë, e di shumë mirë imazhin dhe mesazhin që ai përcjellë brenda tre vargjeve. Këtë imazh autori e ndjen dhe e përçon tek lexuesi brenda një numri të kushtëzuar rrokjesh, 5-7-5. Është, si të thuash, si një shkrepje aparati fotografik, që mbetet përjetësisht në celuloid, apo edhe si një frymëmarrje e shkurtër. Gjithashtu atë mund ta krahasojmë fare mirë edhe me një vetëtimë në natën e errët. Çdo gjë që fiksohet në atë çast mbetet në mendje dhe, mjafton të mbyllësh sytë dhe të shohësh me imagjinatë, imazhet e tij ngurtësohen në nënndërgjegje.

Këtë është përpjekur të transmetojë edhe poeti Xhemil Bytyçi në librin e tij me haku "Zukamë". Ai është përpjekur që me poezinë e tij, haiku, të arrijë në unitet me plotësinë e botës natyrore.

Haikun e poetit Xh. Bytyçi mund ta njësojmë edhe me një bubullimë, apo më mirë me njëqind të tilla, përderisa libri përfshin 100 poezi haiku. Në vend që këto bubullima të të frikësojnë e tmerrojnë, përkundrazi ato të ledhatojnë shpirtin, të futin në një botë ëndërrimtare, të mbushur me dashurinë për natyrën dhe kësisoj edhe për njeriun, për gjithçka që e rrethon atë. Sepse haiku nuk të mbush stomakun e uritur, por ai të udhëheq për një jetë më të pasur, më të bukur dhe më të kulturuar. Jo vetëm kaq, por përmes haikut mund të bëhesh njësh me një manushaqe të lulëzuar, apo gjithë lulet që na rrethojnë.

Cilësia e haikut të poetit është vërtet për t'u lavdërueshme. Ai është qëndruar tek realizimi i një haiku tradicional sipas skemës 5-7-5, megjithëse kjo përpjekje nuk mund të realizohet njëlloj për në të gjitha gjuhët e kombeve. Tematika e poezive të tij haiku është e larmishme. Si një vëzhgues i hollë i natyrës, Xhemili ka arritur të krijojë një peizazh të gjallë të natyrës dhe, zaten, kjo është edhe baza e haikut. Haiku i tij nuk është statik, as i ngurtësuar, por i gjallë e dinamik. Duke lexuar këto, ne futemi në bukuritë e natyrës. Bashkë me poetin shkojmë te lulet, te lëndina, te bari, te mali, te liqeni, te deti dhe bashkëbisedojmë e kuvendojmë me bletët, me krimbin, me lulet, me zogjtë, bëhemi njësh me diellin, me hënën, me gjithçka të bukur e të madhërishme që ka natyra. Sa me madhështi e freski i këndon ai natyrës dhe kjo e ka bazën te mprehtësia e vëzhgimit, që nëpërmjet detajeve artistike arrin të zbulojë filozofinë e jetës, duke dhënë mesazhe dashurie për gjithçka.

Në çdo haiku të tij ai mrekullisht ka ruajtur një nga rregullat themelore të poezisë haiku: Përdorimin e vetëm të një foljeje brenda trevargëshit dhe kjo folje në kohën e tashme, në momentin kur fiksohet imazhi.

Pra, këto cilësi e rendisin poetin, edhe si një vëzhgues të mprehtë, edhe mjeshtër në ndërtimin e haikut. Po e ilustrojmë vetëm me disa figura, të cilat zor se të shkulen nga kujtesa: hëna ndez shpirtin, imazh i thyer, pëlcet stina e qershisë, lulet e shpirtit ecin përmbi hënë, skuqet trishtimi etj, etj.

Poeti Xhemil, me sa duket e ka pasur parasysh thënien e mjeshtrit të madh Matsuo Basho se, nëse do të shkruash për lulen, shko te lulja. Vargjet janë vërtet të shkurtër, por brenda tyre mund të futet një kozmos i tërë.

Rakip Zhguni

Preface

Anyone who knows the haiku, his pioneers who have inherited us it as Matsuo Basho, Akiko Yosano, Buson, Kobayashi Issa and many others, or that delivers it, know very well the image and the message that it provides within three verses. That image the author feels and conveys to the reader within a number of conditional appendices, 5-7-5. It is, as to say, a photographic shot that remains eternally in celluloid, or even as a short breathing. Also, we can compare it well with a lightning in the dark night. Everything that is fixed at that moment remains in the mind, and just to close your eyes, and to look imaginatively, its images harden in subconscious.

That was also to broadcasts and poet Xhemil Bytyçi in his book "The drone". He has tried to achieve his unity with the fullness of the natural world with his poetry, haiku.

The haiku poetry of the poet Xh. Bytyçi we can be equated with a thunder, or rather with a hundred of such, while his book includes 100 haiku poems. But instead of that these thunders to frighten and horrify you, rather they make your spirit impulsive, and enter you into a dream world filled with love for nature, and thus for the man, and for everything that surrounds him. Because haiku does not fills your hungry stomach, but it leads you to a richer, more beautiful, and more cultured life. Not only that, but through the haiku you can become one with a flowering violet, or with all the flowers that surround us.

The quality of the poet's haiku is truly commendable. He has intent in the realization of a traditional haiku under Scheme 5-7-5, although this effort can not be realized equally in all the languages of the nations. The theme of his haiku poems is varied. As a subtle observer of nature, Xhemili has managed to create a lively landscape of nature and, uh, that is also the base of the haiku. His haiku poems are not static, neither hardened, but vibrant and dynamic. By reading these, we enter to the beauties of nature. Along with the poet, we go to the flowers, the lawn, the grass, the mountain, the lake, and the sea, and we talk to a bees, ta worm, the flowers, the birds, the sun, the moon, to everything beautiful and great thing that has the nature. What e brilliance and freshness he sings the nature, and that have is basis to the sharpness of the surveillance, that through artistic details hi can reveals the philosophy of life by giving love messages to everything.

In every haiku he has miraculously maintained the basic rule of haiku poetry: Using only a verb to the tree verses poem, and this verb is at the present time, in the time when the image is fixed.

So, these qualities rank the poet as a sharp observer, even a master in writing of the haiku. We are only illustrating that with some figures that are hardly to be eradicated by our mind: the moon lights the soul, the broken image, the season of cherry blossoms fulminates, the flowers of the soul walking over the moon, the bitterness gets red, etc.

The poet Xhemil, as it seems has be remember the saying of the great master Matsuo Basho that says, if you would write about the flower, you would to go to the flower. Verses are really short, but within them can be inserted a whole cosmos.

Rakip Zhguni

1.

Bletë e plagosur,
kë përshëndet me krah
jetën a vdekjen?

The wounded bee,
who greets you with your arm
life or death?

2.

Krimbi i verbër
gjymton kaktusin,
me bojë e verdhon.

The blind worm
mutilates the cactus,
with paint to look yellow.

3.

Shtëpi e vjetër,
në rrjetë merimange
dy mysafirë.

Old house,
in the spider web
two guests.

4.

Zukamë blete -
cila Krizantemë
do të të japë nektarin?

The bee's drone -
which chrysanthemum
will give you nectar?

5.

Telajo e bardhë,
një spërkatje me ngjyra
nënshkruan fatin.

The white yard,
a splash of color
signs the fate.

6.

Bie në dashuri
bari me lëndinën -
zhvirgjëron tokën.

Falls in love
the grass with the green -
deflowers the earth.

7.

Bukuria e saj,
ende shkëlqen mbi zemër,
diamant i rrallë.

Her beauty,
still shines on the heart,
as rare diamond.

8.

Mes dy zjarreve:
djathtas është dashuria,
majtas vrasësi.

Between two fires:
at right is love,
at left is killer.

9.

Shikimi yt vret,
jeta është luftë
dhe shpirti betejë.

Your look kills -
the life is war
and the spirit of battle.

10.

Dreri kruan brirët
mes degëve të zhveshura -
vjeshtë e vonë

The deer scratches the horns
between bare branches -
late fall.

11.

Në pabesi
tradhtohet besa,
fatin e merr në dorë.

In infidelity
the faith is betrayed,
and the luck gets in hand.

12.

Duart që dridhen,
sinjale dashurie
te ti përçojnë.

The shaking hands,
are love signals
that to you convey.

13.

Deti trazuar
me pelikanë të bardhë
ngjyros kaltërsinë.

Troubled sea
with white pelicans
colors the sky-blue.

14.

Hëna ndez shpirtin
dhe fundoset me nderim
në pellgun e vet.

The moon lights its soul
and sinks in honor
in its pool.

15.

O lavërtar ndjesish,
hidhe atë farë
të mbijnë idetë...

Hey sensualist ploughman,
throw that seed
to sprouts the ideas...

16.

Udhëtare e lodhur
kjo pleqëria,
pret përjetësinë!

The tired traveler
this old age,
expects eternity!

17.

Unë dhe papagalli
këndojmë të njëjtën këngë,
në gjuhën tonë.

I and parrot
we sing the same song,
in our language.

18.

Mbi supet e mi
zogu cicëron dhimbshëm:
mal vitesh mbi supe.

On my shoulders
the bird is chirping painfully:
a mountain of years on my shoulders.

19.

Tufë bilbilash
si një kortezh i heshtur -
qielli mban zi.

A covey of nightingales
as a silent courtesy -
the sky mourns.

20.

Në pellgun e vjeshtës,
ari, argjendi dhe bakri
njësoj të verbojnë.

In the autumn pond,
the gold, the silver and the copper
equally blind.

21.

Krizantema
pret rrezen e diellit
t'ia çelë sytë.

The chrysanthemum
waits for the sun's rays
to blooms its eyes.

22.

Mallëngjim
i rënduar me fruta-
kristale lotësh.

Nostalgia
burdened with fruits-
the tear crystals.

23.

Pikë kristali,
nga syri i bën hije
lotit – vesë.

Crystal drop,
from the eye it shade in
to tear – dew.

24.

Në natën sterrë,
xixëllonja me fener
kërkon fytyrën time.

At the black night,
the fire-fly with a beacon
seeks for my face.

25.

Vdekja është vdekje
s'ka frikë as nga unë,
as nga ti...

The death is the death
there is no fear of me,
neither by you ...

26.

Pas fjalës rrjedh
lumi i mendimeve:
penë e thyer...

After the word flows
the river of thoughts:
broken pen ...

27.

Pëllumbi trembet në degë
nga imazhi im i thyer
në tragën e viteve.

The dove on the branch is afraid
from my broken image
in the trail of the years.

28.

Lulja e vetmisë
në zemrën time të kyçur
kërkon azil.

The flower of loneliness
in my locked heart
seeks for asylum.

29.

Era luan me gjethet,
unë i luajtur mendsh iki
rrugëve pa kthim.

The wind plays with leaves,
I walk as a madman
to without return roads.

30.

Bleta puth buzën
e gotës ku pive ti -
Zambak i ëmbël.

The bee kisses the lip
of the glass where you drank -
Sweet lily.

31.

Glasë pëllumbi
mbi kokën time të bardhë,
të dy të kënaqur...

Pigeon's fly-blow
over my white head,
both satisfied ...

32.

Bletëza jote
zemrën time thumbon -
apiterapi.

Your little bee
my heart stings -
milk's bee therapy.

33.

Flutur mali -
i dashuruar deri në fyt
me ngjyrat tua.

Mountain's butterfly -
I am loving to my throat
with your colors.

34.

Nën zhurmën e rrotës
guri ujin fshikullon-
çaklli rënkon.

Under the noise of the wheel
a stone whips the water -
the chipping groans.

35.

Luledielli
falet para diellit,
por jo para kosës.

The sunflower prays
before the sun,
but not before the scythe.

36.

Mali i Sharrit-
një akullnajë zemrash
dhe ortek ndarjesh.

The Sharri's Mountain is-
a glacier of hearts
and a splitting avalanche.

37.

Pikë -pikë mbush gotën
me Zambakë të bardhë -
Fresku i prillit.

Drop by drop fills the glass
with White Lilies -
The April freshness.

38.

Të gjithë emra lulesh
kanë kopshtet tua -
stinë dashurie.

All the flower names
have your gardens -
the love season.

39.

Eufori mushkonje:
me një pikë gjaku
ngre dollinë.

The mosquito euphoria:
with a drop of blood
it drinks the toast.

40.

Në bahçen time
pëlcet stina e qershisë
si kokrra e kripës.

In my kitchen garden
the cherry season blossoms
like a salt grain.

41.

Në sofrën tonë
buka, kripa dhe zemra
nuk dalin nga moda.

In our mahogany
the bread, the salt and the heart
do not come out of fashion.

42.

Herët në mëngjes
dëgjoj valsin e ditës:
çelin sythat.

Early in the morning
I listen the waltz of the day:
the buds sprout.

43.

Të buta si petalet
janë lulet e shpirtit,
ecin përmbi hënë.

Soft as petals
are the flowers of the soul,
these walk over the moon.

44.

Zambaku në agim
me aromën që kundërmon
puth petalet.

Lily at dawn
with the smell that odors
kisses the petals.

45.

Ky zog lypës
mbi shuplakën time
kërkon dashurinë.

This beggar bird
on my palm
looks for the love.

46.

Boçat e pishës
janë më dehëse se gratë,
sesa ti e dashur...

The pinecones
are more intoxicating than women,
than you my darling...

47.

Guguftuja kumri
mbi kulmin e çatisë,
më sjell lajm nga ti...

The turtledove
on the hip,
brings me the news from you...

48.

Karvani i gjetheve
lundron i qetë -
shelgu loton...

The leaves caravan
sails quiet -
the willow weeps...

49.

Flokëderdhura flokëlëshuar
për drekë ka gatuar
lot të kripur...

My influent-hear girl
for lunch she cooked
the salted tears...

50.

Mbi supet tona
vezullojnë yjet,
në zjarr na ftojnë.

Above our shoulders
twinkle the stars,
and in the fire invite us.

51.

Natë e frikshme,
pas gjetheve fëshfërijnë
mollët e sherrit.

The fearfully night,
after the rustling leaves
are the apples of quarrel.

52.

O plep shtatgjatë
falmi degët e tua,
më duhen për nipat.

Hey tall poplar
give me your branches,
I need these for my grandchildren.

53.

O krimb mëndafshi,
ty s'të pashë kurrë,
por vetëm fijen tënde.

Hey silkworm,
I never saw you,
but only your viscose.

54.

Zogu pikalosh
me ty fluturon
në horizontin e gjerë...

The freckled bird
with you flies
on the large horizon ...

55.

Pranë dritares,
begonia e larme
dritë-hijen mat.

Near the window,
dappled begonia
its light-shadow measures.

56.

Thërret emra,
në errësirë yjet
nuk numërohen...

Calling names,
in the darkness the stars
do not count ...

57.

Në moçal
bualli dhe bretkosë e përndezur -
uji i turbulluar.

In the swamp
Buffalo and the distracted frog -
the foggy water.

58.

Skuqet trishtimi
dhe vdekjet shpërndahen-
hënë e plotë.

The sadness gets flush
and the deaths disperse -
full moon.

59.

Halëza pishe
jeshile dhe me erë,
stinët ndërrohen.

The pine- needle
green and spicy,
seasons are rotated.

60.

Mbi pullazin e shtëpisë
gjejnë vetminë time,
zogjtë në fluturim...

On the roof of the house
find my loneliness,
birds in flight ...

61.

Hënëza boshe
si dervish në rrotullim
rrethon një kujtim.

The empty lunette
as whirling dervish
surrounds a memory.

62.

Papagalli i kuq
mbulon puplat me dëshpërim -
pikëllimi im.

Red parrots
covers its feathers with despair -
my sorrow.

63.

Në mesnatë,
retë si laviret
i qepen hënës.

In the midnight,
the clouds like whores
trace the moon.

64.

Liqen i kaltër,
mjellma qafëgjatë ka dalë
me fustan nusërie.

The blue lake,
the longneck swarm has come out
with a bridal gown.

65.

Çeli dhe një syth,
mbylli plagët e zemrës -
lule hibiskusi.

Bloomed and a bud,
and closed the heart wounds -
the hibiscus flower.

66.

Truri i lodhur
në ajër mban pezull
ëndrrën e fjetur.

The tired brain
in the air pending
the sleeping dream.

67.

Dijen që kam
si ta çoj në atë botë?
Kujt t'ia jap këtu?

The knowledge I have
how to bring it to that world?
Whom to give here?

68.

Poshtë pullazit
një hije e stërzgjatur -
vetmia ime.

Down the roof
a long drawn shadow -
my loneliness.

69.

Me dorën plot damarë
thura njëqind haiku,
për hënën e re.

With full veined hand
I knitted one hundred haikus,
for the new moon.

70.

Stuhi vere,
lulet e vuajnë me trup
këtë shi të pashpirt!

The summer storm,
the flowers suffering with their body
this heartless rain!

71.

Luledielli,
me durim të pasosur malli
diellin e arrin.

The sunflower,
with endless longing patience
reaches the sun.

72.

Gotë kristali,
një dolli për përqafimet
nën qiellin blu.

The crystal glass,
a toast for hugs
under the blue sky.

73.

Me varkën plot
si një Robinson i ri
lundroj në kujtesë.

With the full boat
like a new Robinson
I sail in memory.

74.

Një lule ftoi
më dhuroi pranvera
dhe iku me nxitim.

A quince flower
gave me the spring
and gone in haste.

75.

Mosha numëron
deri në shtatëdhjetë
yje të zjarrtë.

Age counts
up to seventy
fiery stars.

76.

Lule Orkide,
je nisur larg në udhëtim...
mos ec buzë liqenit!

Orchid flower,
you started off on the trip...
but do not walk near the lake!

77.

Mendja ime
udhëton bashkë me retë,
me lotët shtegtarë.

My mind
travels with clouds,
and with nomad tears.

78.

Krah përkrahë me ty
ecin e pëshpëritin
hijet e dashurisë.

Side by side with you
walk and whispers
the love shadows.

79.

Pasi erdhe ti
kujtimet ikën shpejt,
në drejtim të panjohur.

After your coming
the memories ran fast,
to the unknown direction.

80.

Lule Shpata
rri kokulur
mbi varrin e babait.

Sword's Flower
sit head down
on the father's grave.

81.

Me puthjet e tua
shpupuris gacat
e zjarrit të zemrës.

With your kisses
I ruffle the live-coats
of heart fire.

82.

Mallkimi i gjinkallës
në kupë të qiellit
mbërrin dhe kthehet.

The curse of cicada
in the canonry of heaven
arrives and returns.

83.

Shteg dashurie -
enigmat e zemrës
humbasin drejtimin.

The love path -
the mysteries of the heart
lose direction.

84.

Një bletë mbytet
në një gotë me mjaltë,
unë kërkoj gotën.

A bee drowns
in a glass of honey,
I'm looking for the glass.

85.

Pas shiut të imtë
ngjyrë argjendi merr
gjurma e kërmillit.

After the rain
silver color gets
the footprints of the snail.

86.

Shtegut të malit,
me fener xixëllonje
kërkoj vetveten.

To the mountain path,
with a lantern of fire – fly
I seek after myself.

87.

Jam krejt i akullt,
lule kumbull mos më zgjo,
do të ngrish dhe ti.

I'm all icy,
plum flowers do not wake up me,
and you will feel cold.

88.

Gjëmim reshë -
toka e çarë trembet,
shiu sa s'ka nisur.

The cloud's rumble -
the split ground scares,
when the rain has not started.

89.

Shkrepa mali
me mjegull zbardhuar -
një sypare çel.

Sypare – lloj luleje.

The mountain cliffs
with whitish fog -
a sypare flower blooms.

Sypare - kind of flower.

90.

Në një pikël vese
ngjyrat bëjnë ylberin,
shallin e shpirtit.

In a drop of dew
the colors make the rainbow -
the scarf of the soul.

91.

Përtej qiellit
dëgjoj të më thërrasin,
në përjetësi.

Beyond the sky
I hear to call me,
in eternity.

92.

Përpij
lotët e lule Shebojës
dhe shpirtin gëlltis.

I guzzle
the tears of the Shebojas flower,
and gobble my soul.

93.

Një pikë gjaku
ra mbi lulëkuqet,
u lind liria.

A drop of blood
fell on the poppy,
the freedom was born.

94.

Në liqenin e Sharrit,
në krye të valles
udhëheqin pulëbardhat.

In the lake of Sharr,
at the top of the dance
head the seagulls.

95.

A më pe mua
se si notoja i lirë
në detin e hënës?

Do you see me
how free I float
on the moon's sea?

96.

Heshtja ime
rrëfen brengat shterpe:
ditë pa dashuri.

My silence
confesses the barren sadness:
without love day.

97.

Me dorë të djathtë
i mbaj zemrën zemrës,
që të mos thyhet.

With my right hand
I keep the heart of my heart,
so that it does not break.

98.

Xhepat plot skamje -
kremtojnë me gëzim
festën e urisë.

The pockets full with poverty -
they celebrating with joy
the feast of the hunger.

99.

Bashkë me laraskën
çunaku ha mëngjesin,
që të dy nga pak.

Together with the magpie
the kid eats breakfast,
both of them a little bit.

100.

Kam shtatëdhjetë vjet
që s'harroj të dashuroj,
por harroj të vdes.

I have seventy years
that I do not forget to love,
but I forget to die.

30.01.2019,

CIP Katalogimi në botim BK Tiranë
Bytyçi, Xhemil
Zukamë = The drone / Xhemil Bytyçi ; përkth. Kujtim
Agalliu ; red. Sadije Hoxha. – Tiranë : Jonalda, 2019
116 f. ; 20.5 cm.

ISBN 978-9928-250-31-5

1.Letërsia shqipe   2.Poezia   3.Kosovë
821.18(497.115) -1

www.ingramcontent.com/pod-product-compliance
Lightning Source LLC
Chambersburg PA
CBHW052130090426

42741CB00009B/2028